Modelle: Dieti G. Fausel.

Für eine gewerbliche Nutzung der gezeigten Modelle ist die Genehmigung der Verfasserin erforderlich.
Anschrift:
Fausel, 7440 Nürtingen,
Sigmaringer Straße 17

Fotos: Rainer Schmidt, Bildagentur NT-Zizishausen

Lyrische Texte: Ruth Martin

Redaktionelle Beiträge: Rita Menge

ISBN 3-7724-1305-6

frech-verlag
GmbH + Co. Druck KG Stuttgart
Druck: Frech, Stuttgart

Dieti G. Fausel

SEIDENMALEREI
Neue Impulse

Mit lyrischen Texten von Ruth Martin

Dieti G. Fausel

und ihre Seidenmalerei

Schon seit den späten 50er Jahren schöpft Dieti G. Fausel auf den verschiedensten gestalterischen Gebieten aus ihrer Art zu sehen und ihrer phantasievollen Formensprache. Ihr Wille zur Vervollkommnung von Handwerk und Ausdruck bringt sie den unterschiedlichsten Techniken in Berührung und ist über Jahre Antrieb für intensive Mal- und Zeichenstudien.

Die unvergleichliche Farbtiefe und die Möglichkeiten feinster Farbnuancen, die Lichtbeständigkeit und das edle Material begeistern Dieti G. Fausel 1981 für die Seidenmalerei. Ihre Freude am gestalterischen Experiment bringt bald ganz eigene Arbeiten hervor. Alle Bilder haben eine spürbar gegenständliche Thematik, von besonderem Reiz sind die Seiden-Collagen. Das glänzende Farbspiel wird durch raffinierte Materialkombinationen unterstrichen. Strukturen aus Goldfäden, Schmucksteinen, Blattgerippen, teils Ton in Ton, teils mit kräftigen Kontrasten, führen den Betrachter unversehens in märchenhafte Gefilde.

Helmut Sigg
Bildhauer und Grafiker

Dieses Buch

ist meinem
Mann gewidmet,
der mich
in meinem
künstlerischen
Werdegang
verständnisvoll
unterstützt
hat.

Selbstbesinnung

Bruchstücke der Erinnerung –
vom Zauber des
Unwiederbringlichen
zusammengefügt
holen uns ein
lebenslang.

Geborgenheit

Das Leuchten des Mondes
kann die Dunkelheit
der Nacht
nicht verdrängen,
doch es bewahrt
in uns
den Glauben an das Licht.

Auf der Suche

Tastende Spuren
– Begegnung
– Trennung
Das Wagnis
der Grenzüberschreitung
zwischen Ich und Du.

Homo ludens

Im Spiel-Raum
der Phantasie
verwischen Grenzen und Ziele.
Was zählt
sind Fundstücke
des Augenblicks.

Dieti G. Fausel

Zuversicht

Ich weigere mich,
meine Hoffnungen zu begraben.
Selbst wenn die Blüten
erfroren sind,
habe ich das Vertrauen
in die Wurzeln
bewahrt.

Heute noch
will ich
meine Hoffnungen
pflanzen.

Urvertrauen

Im Kreislauf
der Schöpfung
ist erneuernde Lebenskraft
auch im kleinsten
eingebettet.

Lebensfülle

Im lodernden Farbenrausch
ertrinkt das Auge –
Wer gibt sich so verschwenderisch
wie die Natur?

Einkehr

Im zeitlosen Schonraum
der Geduld
reift
Selbstentfaltung.

Carpe Diem

Schillernder Tautropfen –
du versprühst
dein flüchtiges Dasein
der Sonne entgegen,
die dich verschlingt.

Metamorphose des Lichtes im Wandel der Jahreszeiten

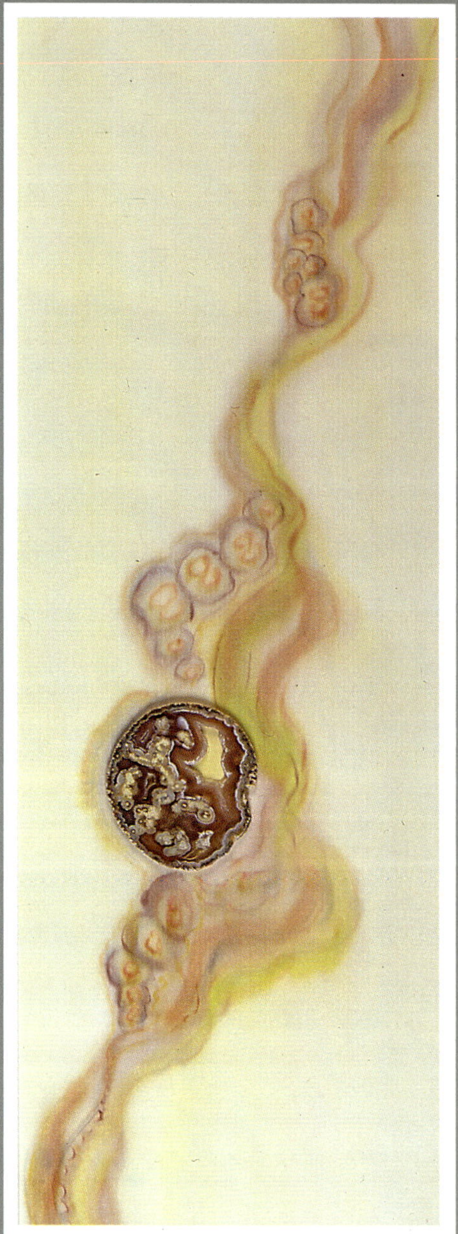

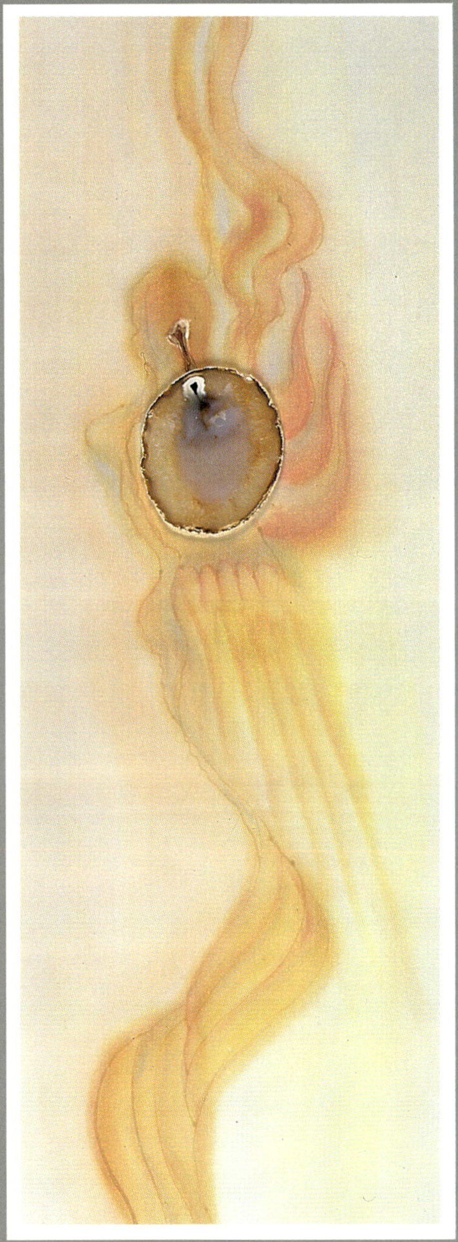
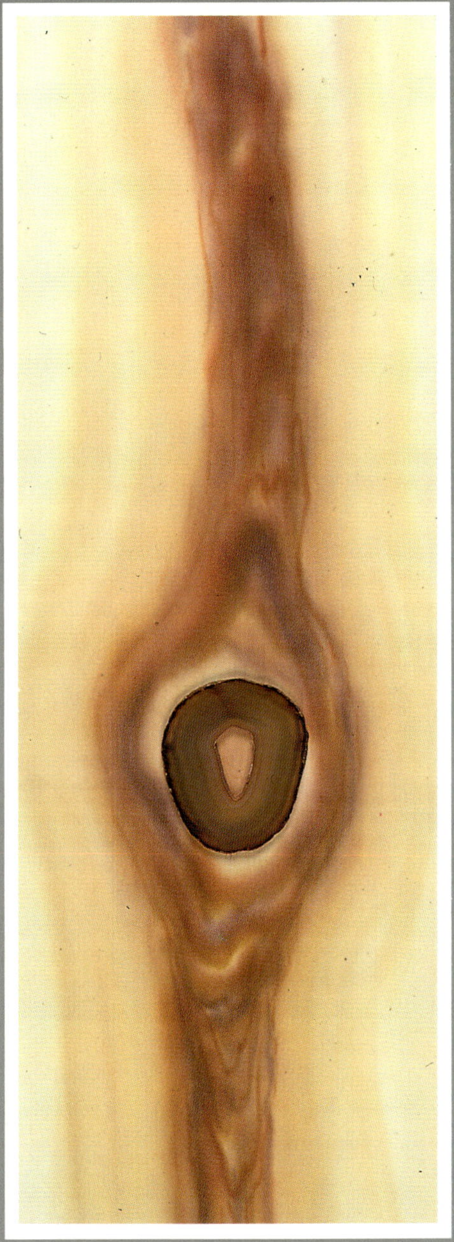
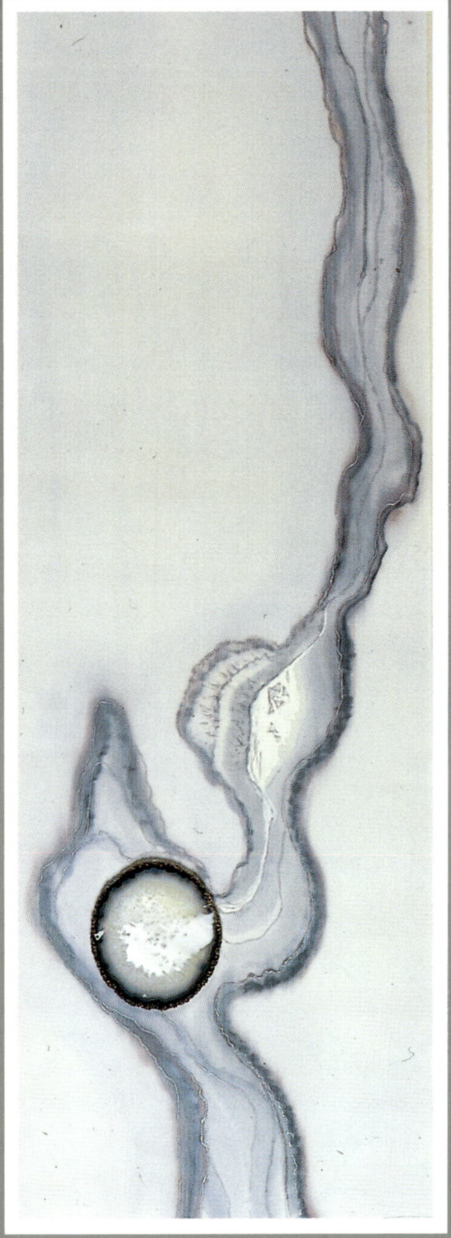

Sehnsucht

Fernwehinseln
entgleiten schwerelos
den Begrenzungen
der Wirklichkeit –
verschwimmen
am unendlich blauen Horizont.

Zusammenspiel

Blätter
des zweihäusigen Ginkgobaumes –
hinter euren Fächern
verbergt ihr das Geheimnis
des Einklangs
zwischen Yin und Yang.

Verinnerlichung

Kindheitsmärchen
aus längst entschwundener Zeit
tauchen auf
spinnen uns ein
in den Kokon
goldfarbener Tagträume.

Orientierung

Unbeirrbar
weist über uns
der Weg zum Ziel
ach – wenn wir nur Flügel hätten!

Reizüberflutung

Im Labyrinth
meiner vielverzweigten
Wünsche –
wie finde ich
zurück
zu mir?

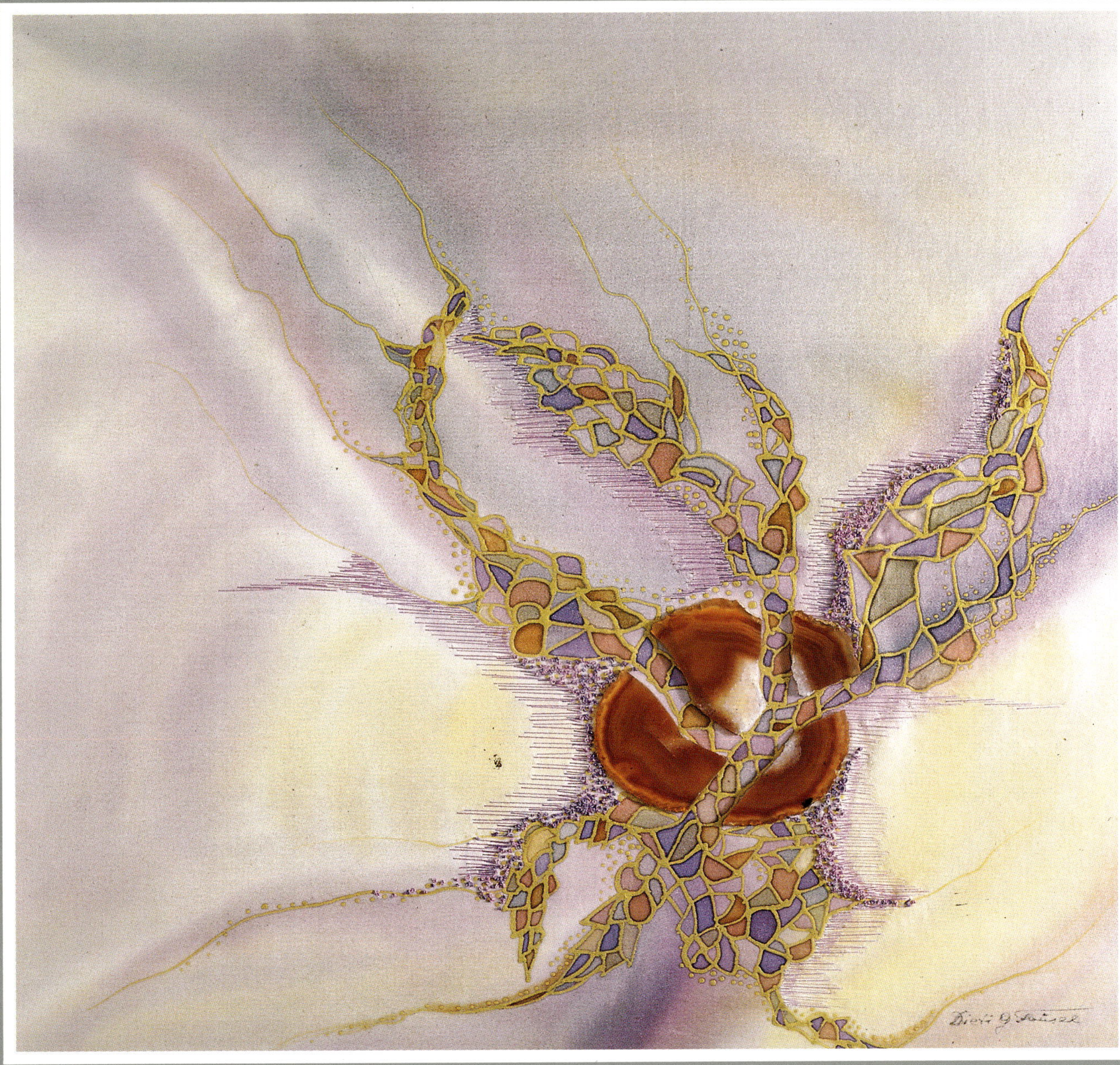

Impulse

Ein einziger Tropfen
vermag
Impulse auszulösen
Verwandlungen
zwischen Hell und Dunkel
zwischen Einst und Jetzt.

Stirb und werde

Aus dem Regenbaum
tropfen meine
verlorenen Träume
in die Erde hinab
versickern
lautlos
zwischen grünendem Gras.

Vollendung

Herbstfeuer
flammender Blätter –
eine handvoll Vergänglichkeit
im Vorübergehen
aufgelesen.

Verwandlung

Sommermüde
lösen sich die Blätter
vom herbstlichen Baum.
Nun umhüllt das Licht
behutsam
die kahlen Zweige.

Neue Impulse

Die vom Kunstmarkt lange Zeit unterschätzte Seidenmalerei hat in den letzten Jahren einen neuen Stellenwert gewonnen. Für viele Künstlerinnen ist das exklusive Material Seide zum Malgrund geworden. Aus den zaghaften Anfängen, Seide für Gebrauchsgegenstände zu bemalen, entstand eine neue Möglichkeit des künstlerischen Ausdrucks.

Dieti G. Fausel, die sich schon seit langen Jahren mit dem Material Seide beschäftigt, setzt mit ihren hier gezeigten Arbeiten Akzente – Neue Impulse.

Die Kunst der Dieti G. Fausel ist trotz des mystischen Charakters, der den Betrachter zur Hingabe und Versenkung aufruft, körperlich greifbar.

Die weiche, noch immer exotisch anmutende Seide wird in Kontrast gesetzt zu Materialien mit völlig anderem Charakter. Schwere, kalt anmutende Halbedelsteine stehen in unmittelbarer Verbindung mit fließender Seide und zarter Aquarelltechnik.

Es gelingt der Künstlerin, aus diesem scheinbaren Widerspruch eine Harmonie zu schaffen, die in positiver Weise mit dem Betrachter korrespondiert.
Positiv ist vor allem die Aussage. Dieti G. Fausel sucht häufig die Realität der vom Menschen bedrohten Natur als Ausgangspunkt. Aber dennoch bleibt Optimismus, bleibt Hoffnung auf Wärme und Leben. Häufig ist die Quelle der Inspiration das Licht, das in Verbindung mit der Farbe die harmonische Grundstimmung schafft.
Es gelingt der Künstlerin durch die ihr eigene Technik, eine zeitgemäße Ausdrucksweise für ihren optimistischen Geist zu finden, der ihr harmonisches Weltbild, trotz aller Widrigkeiten, verdeutlicht.
NEUE IMPULSE – auch für den Leser, der durch das Betrachten und Versinken in diese Collagen dazu angeregt werden soll, selbst kreativ zu werden, seine eigenen Gefühle und Gedanken auszudrücken. Vielleicht mit Hilfe der Techniken der Neuen Impulse.

Faszination Seide

Sich mit Seide zu beschäftigen, heißt zugleich an ihrer Herkunft und Kultur teilzuhaben. Gerade in einer Zeit, in der die Grenzen der Technik deutlich werden und sich viele Menschen philosophischen Fragen zuwenden, hat Seide einen hohen Stellenwert eingenommen.

Chinesische Symbole wie Yin und Yang als Grundprinzip der chinesischen Philosophie sind heute vielfach geläufig. Yin und Yang stellen die Polarität dar, in die der Mensch eingebunden ist, wie beispielsweise Tag und Nacht, Leben und Tod. Aber jede Hälfte hat an der anderen Anteil und ist nur mit ihr vollkommen.

Funde belegen, daß bereits im 2. Jahrtausend v. Chr. die Kunst der Seidenherstellung in China bekannt war. Seide faszinierte seitdem alle Völker, die mit ihr in Berührung kamen. Sie wurde als kostbares Gut verehrt, das neben seinen wunderbaren Eigenschaften immer von einer Aura der Exotik umgeben war und ist.

Die Kunst der Seidengewinnung war über Jahrtausende hinweg nur in China bekannt und wurde als Staatsgeheimnis gehütet. Über den Ursprung des Seidengewebes gab es selbst im Land seiner Herkunft zahlreiche Mythen. Dabei steht immer eine Frau im Mittelpunkt, denn die Entwicklung der Seidenproduktion war die Domäne der Frauen.

Lange Zeit rätselte man über den Ursprung des Tuches. Man glaubte an die Herstellung durch Baumrinde oder unbekannte Gräser. Die geheimnisvolle Ausstrahlung wurde zusätzlich verstärkt durch die Verschlossenheit Chinas nach außen.

So begann man sich im Abendland selbst ein Bild zu schaffen – es hatte den Glanz eines Märchens. Damals wie heute bedeutete China ein fernes, unbekanntes, mysteriöses Land mit einer fremden, sehr alten Kultur.

Diese magische Anziehungskraft des Orients hat nie nachgelassen. China steht als Synonym für Liebenswürdigkeit, Höflichkeit.
Ursprünglich wurde die Seide mit vom Volk verehrten Symbolen wie Drachen, Phönixen, Löwen bedruckt und bemalt. Diese Technik wurde von der Stickerei abgelöst, die heute als typisch chinesische Zierde gilt.
China war für das Abendland eine Quelle kultureller Anregung. Es hat den künstlerischen Ausdruck Europas mitgeprägt. Der Wunsch nach chinesischen Motiven war in Europa vor allem im 17., 18. und 19. Jahrhundert sehr stark. Obwohl es bereits zahlreiche ernüchternde Reiseberichte gab, hielt man an den märchenhaften Phantasien fest.
Chinoiserien – dieser Begriff faßt alle Arten von Arbeiten im chinesischen Stil zusammen. Da man nicht über die ausreichende Menge an chinesischen Gütern verfügte, wurden europäische Gegenstände mit chinesischer Ausstrahlung geschaffen wie Porzellan, Möbel, Stoffe, Wandbehänge, Glas.
Die beliebtesten Motive waren Drachen, Pavillons, Vögel, Enten und Blumen. Vor allem die Lotusblume wurde zum Inbegriff des Asiatischen.
Im 19. Jahrhundert wurde die fernöstliche Kunst vor allem in Frankreich sehr stark beachtet und weiter entwickelt. Bekannte Künstler wie Edgar Degas und Paul Signac ließen sich inspirieren und machten Malversuche auf Seide.
Die vollständige Verschmelzung von fernöstlichen Einflüssen mit europäischen Stilelementen fand in der Zeit des Jugendstils statt.

Die Blumen- und Pflanzenornamente sowie die dekorative, verspielte Darstellungsweise boten Möglichkeiten, das Asiatische in die europäische Kunst einzubeziehen.
In unserer hochtechnisierten, ruhelosen Umwelt ist der handwerkliche und künstlerische Umgang mit Seide für zahlreiche Menschen zu einem Ausgleich geworden. Neben den Hobbymalern sind es hochbegabte Künstler, die die Eigenschaften des Materials Seide in ihren künstlerischen Inhalt einbeziehen.
Heute steht aber nicht mehr der Drang zu den Chinoiserien, nicht mehr der Wunsch, sich eine unbekannte Welt zu eigen zu machen, im Mittelpunkt. Vielmehr befindet sich das alte Material im Einklang mit modernen Strömungen. Die Motive, Techniken und Anwendungsgebiete sind vielfältig geworden. Neben den traditionellen Landschafts- und Tierdarstellungen stehen Motive mit tiefer Hintergründigkeit, die sich künstlerisch mit den modernen Lebensbedingungen befassen. Es wird mit immer neuen Techniken experimentiert, die reine Malerei wird durch zusätzliche Materialien wie Steine, Fossilien, Gräser erweitert.
Die Anwendungsgebiete reichen von Gebrauchsgegenständen wie Kissen und Jacken bis hin zu anspruchsvollen Kunstwerken.
Die Kunst auf Seide erlebt heute eine Renaissance. So bleibt ihre Ursprünglichkeit sowie die damit eng verbundene Kultur und Geschichte Chinas lebendig.